I0095830

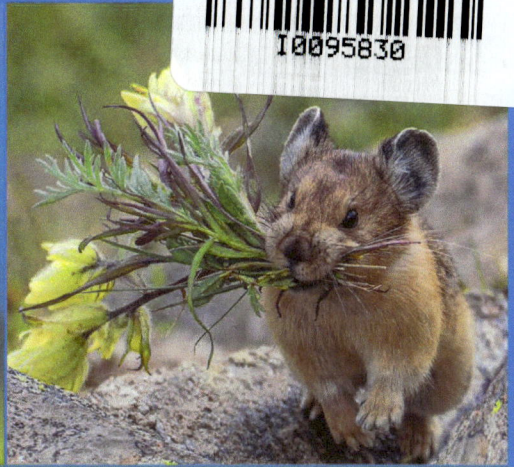

DIE SÜßESTEN TIERE DER WELT
Ein Buch für Kinder

WUNDERBARE TIERWELT BUCH 1

JACK LEWIS

Die süßesten Tiere der Welt Ein Buch für Kinder
Wunderbare Tierwelt 1

Deutsche Ausgabe: Copyright © 2024
Starry Dreamer Publishing, LLC

Alle Rechte vorbehalten. Kein Teil dieses Buches darf ohne schriftliche Genehmigung in irgendeiner Weise verwendet oder vervielfältigt werden, mit Ausnahme von kurzen Zitaten, die in Buchbesprechungen oder Rezensionen verwendet werden.

Haftungsbeschränkung/Gewährleistungsausschluss: Der Verlag und der Autor geben keine Zusicherungen oder Gewährleistungen hinsichtlich der Richtigkeit oder Vollständigkeit des Inhalts dieses Werkes und lehnen ausdrücklich alle Gewährleistungen ab, einschließlich jeglicher Gewährleistungen der Eignung für einen bestimmten Zweck. Durch Verkauf oder Werbematerialien kann keine Gewährleistung entstehen oder erweitert werden. Die hierin enthaltenen Ratschläge und Strategien eignen sich möglicherweise nicht für jede Situation. Dieses Werk wird im Einvernehmen verkauft, dass der Herausgeber keine medizinische, rechtliche oder sonstige professionelle Beratung oder Dienstleistungen anbietet. Wenn professionelle Hilfe erforderlich ist, sollten die Dienste kompetenter Fachleute in Anspruch genommen werden. Weder der Verlag noch der Autor haften für daraus entstehende Schäden. Die Tatsache, dass eine Person, eine Organisation oder eine Website in diesem Werk zitiert und/oder als potenzielle Quelle für weitere Informationen genannt wird, bedeutet nicht, dass der Autor oder der Verlag die von der Person, der Organisation oder der Website bereitgestellten Informationen oder deren Empfehlungen befürwortet.

Kontaktadresse für weitere Informationen:
Starry Dreamer Publishing LLC
1603 Capitol Ave.
Suite 310 A377
Cheyenne, Wyoming 82001
starrydreamerpub@gmail.com

Geschrieben von Jack Lewis
Bildnachweise: Alle hierin enthaltenen Fotos werden unter Lizenz von Shutterstock.com verwendet (komplette Liste siehe Index)

Bildnachweis Vordereinband:
ABB Photo, Richard Seeley, Vladislav T. Jirousek, Lightpoet/Shutterstock

Bildnachweis Buchrücken:
Vladimir Wrangel, Vladislav 3, Rbrown10/Shutterstock

ISBN: 978-1-961492-08-0 (Hardcover) 978-1-961492-48-6 (Paperback)

Polarfuchs

Nördlicher Polarkreis

INTERESSANT:
Dem Polarfuchs macht die Kälte nichts aus. Er kann bei Temperaturen von bis zu minus 50 Grad Celsius überleben!

Was für faszinierende Füchse! Ihr Fell wächst so, dass es sich den Farben der Umgebung anpasst. Manchmal laufen sie Eisbären hinterher, um die Nahrungsreste zu verspeisen, die von den Bären zurückgelassen werden.

Beutelmarder
Australien und Neuguinea

INTERESSANT:
Ein neugeborener Beutelmarder ist winzig – er hat etwa die Größe eines Reiskorns!

Leider sind diese gepunkteten Fellnasen eine bedrohte Art. Manche Leute schlagen vor, dass Beutelmarder als Haustiere gehalten werden sollten, um ihren Bestand zu vermehren.

Was ist eine bedrohte Tierart?

Bedroht nennt man eine Tierart, wenn sie in Gefahr ist, auszusterben. Eine ausgestorbene Tierart gibt es dann nirgendwo mehr auf der Welt. Wenn eine Tierart einmal ausgestorben ist, ist sie für immer verschwunden.

Wie kommt es dazu, dass Tierarten bedroht sind?

Es gibt viele Gründe, warum eine Tierart vom Aussterben bedroht ist: Beispielsweise kann dies dadurch passieren, dass es zu viele Fressfeinde für die Tierart gibt, dass ihre Nahrungspflanzen oder Beutetiere nicht mehr vorhanden sind, ihr Lebensraum zerstört wurde, das Klima sich ändert oder zu viele der Tiere von Menschen gejagt werden.

Was kann ich tun, um zu helfen?

Viele Länder haben Gesetze zum Schutz bedrohter Tierarten, aber wir alle können etwas tun, um bedrohte Tiere zu retten und zum Naturschutz beizutragen.

- Du kannst Dinge verwerten und wiederverwenden, um Verschwendung und Müll zu vermeiden.
- Du kannst ungiftige Seifen und Reinigungsmittel zu Hause verwenden.
- Du kannst eine Organisation unterstützen, die sich für den Artenschutz einsetzt.
- Du kannst inländische Wildschutzeinrichtungen oder Naturparks besuchen.
- Du kannst einheimische Bäume oder Pflanzen in eurem Garten anpflanzen.
- Du kannst etwas über bedrohte Arten in deiner Region lernen und es anderen beibringen.

Mandarinente

Europa und Asien

INTERESSANT:
Mandarinenten können innerhalb eines Tages bis zu 800 Kilometer weit fliegen!

Manche halten die hübsche Mandarinente für die schönste Entenart der Welt. Die Enten sind darum in der chinesischen Kultur hochangesehen und kommen oft in asiatischer Kunst vor.

Igel
Europa, Asien und Afrika

INTERESSANT:
Wenn sie bedroht werden, rollen sich Igel zu einer Kugel zusammen und setzen ihre Rückenstacheln als Schild ein!

Igel gehören zu den niedlichsten Tieren der Welt! Sie sind nachtaktiv und legen bei der Nahrungssuche oft mehrere Kilometer pro Nacht zurück.

Großer Tümmler

Weltmeere

INTERESSANT:
Delfine werden oft zu den klügsten
Tierarten der Welt gezählt!

Der Große Tümmler gehört zu den Delfinen. Auch wenn Delfine wie große Fische aussehen, sind sie Säugetiere und atmen Luft, genau wie wir auch. Sie haben oben auf dem Kopf ein Blasloch, mit dem sie atmen, wenn sie an die Wasseroberfläche kommen. Delfine sind gesellige Tiere und haben auch in freier Wildbahn schon mit Menschen interagiert.

Japan-Wiesel

Japan

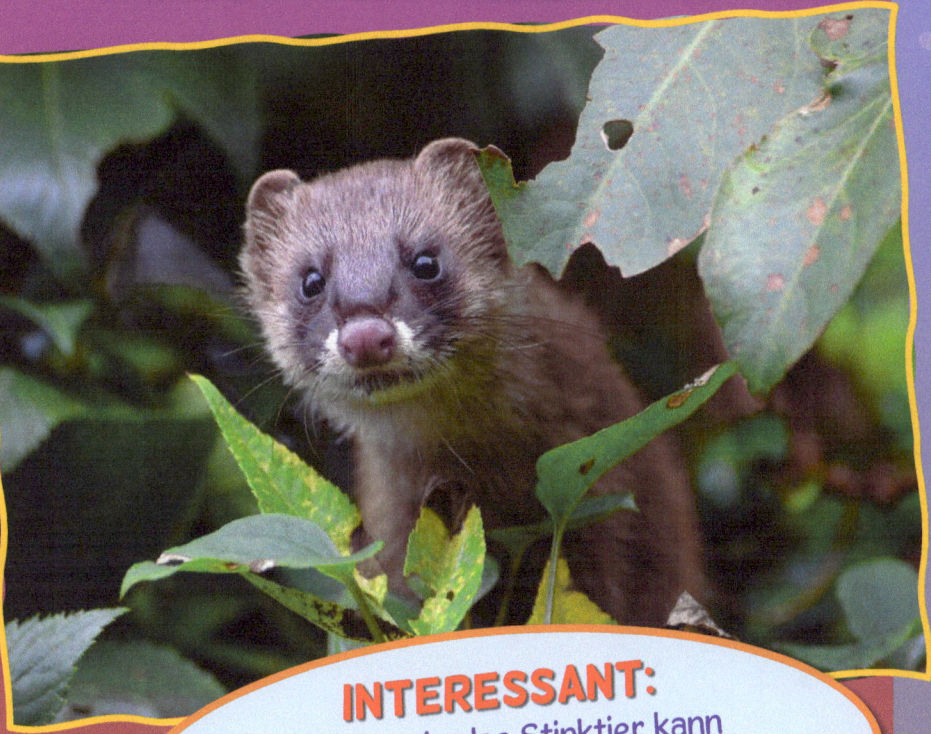

INTERESSANT:
Ähnlich wie das Stinktier kann das Japan-Wiesel ein stinkendes Sekret absondern, um sich vor Feinden zu schützen!

Japan-Wiesel sehen vielleicht entzückend aus, aber lass dich nicht von ihrem unschuldigen Aussehen täuschen. Sie sind sehr gute Jäger und finden mithilfe ihrer feinen Nasen und Ohren Mäuse und andere Beutetiere. Um ihren Bau weich und gemütlich zu gestalten, sammeln sie außerdem Gräser und Federn.

Kirk-Dikdik

Östliches und südwestliches Afrika

INTERESSANT:
Das Kirk-Dikdik gehört zu den kleinsten Antilopen der Welt!

Diese kleinen Antilopen verstecken sich, wenn sie sich bedroht fühlen. Werden sie dennoch entdeckt, laufen sie in einer Zickzacklinie davon. Dabei warnen sie ihre Artgenossen in der Umgebung mit einem quietschenden "Dikdik"-Laut.

Plumplori

Südostasien

INTERESSANT:
Der Plumplori ist giftig – das giftige Sekret ist über sein Fell verteilt!

Diese süßen Primaten leben im dichten Blätterdach der Regenwälder, können aber auch in anderen Umgebungen überleben. Leider werden Loris in manchen Gegenden illegal von Menschen als Haustiere gehalten.

Amerikanischer Pfeifhase

Nordamerika

INTERESSANT:
Der Amerikanische Pfeifhase sammelt über den Sommer hinweg Wildblumen und Gräser, lässt sie in der Sonne trocknen und bewahrt sie als Nahrung für den Winter auf!

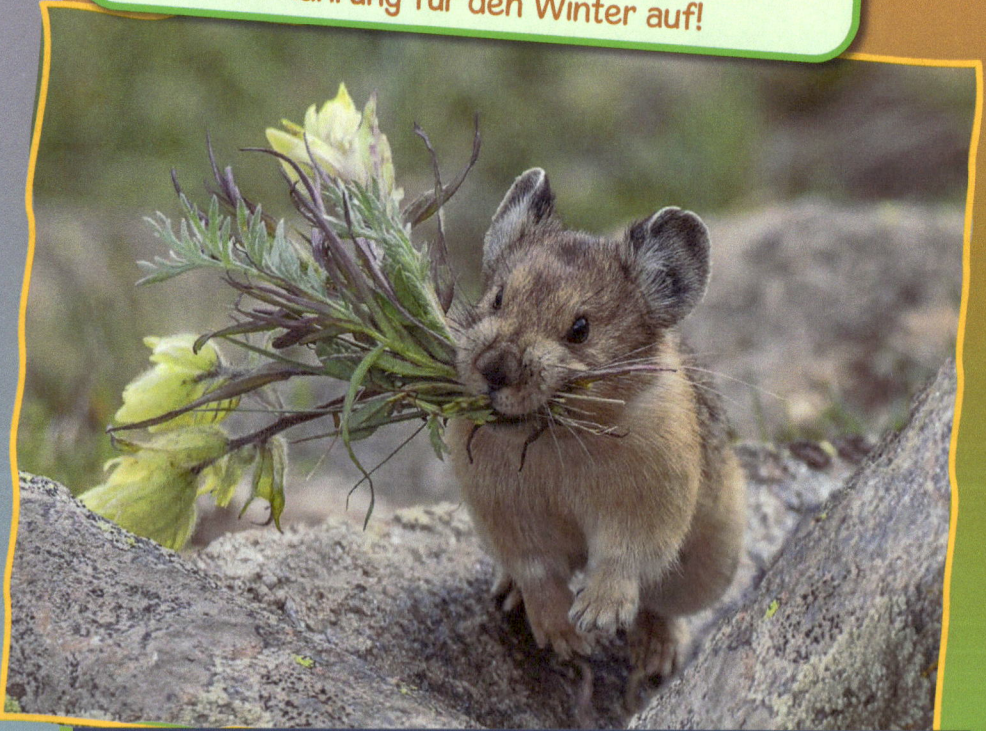

Wie der Name schon sagt, sind diese kleinen Kerle eng mit dem Hasen verwandt. Sie leben in Gebirgsregionen und bevorzugen kühlere Temperaturen. Manchmal klauen sie ihren Pfeifhasen-Nachbarn das Essen. Wie frech!

Fennek

Nordafrika und Afrika südlich der Sahara

INTERESSANT:
Wenn Wüstenfüchse sich wohlfühlen,
können sie schnurren wie eine Katze!

Der Fennek wird auch Wüstenfuchs genannt und gehört zu den süßesten Tieren der Welt! Da Fenneks in heißen, trockenen Gebieten leben, schlafen sie tagsüber in ihrem Bau und kommen erst am Abend heraus. Die Füchse kommen eine ganze Weile lang ohne Wasser aus, da sie den Großteil ihres Flüssigkeitsbedarfs über die Pflanzen und Tiere aufnehmen, die sie fressen.

Malaien-Gleitflieger

Südostasien

INTERESSANT:
Malaien-Gleitflieger können in einem Rutsch bis zu 97 Meter weit gleiten!

Der Malaien-Gleitflieger gehört zu den Säugetieren und gleitet eher, als dass er fliegt. Die Tiere sind gekonnte Kletterer auf Bäumen, aber nahezu hilflos auf dem Boden.

Numbat

Australien

INTERESSANT:
Ein Numbat kann 15.000 – 20.000
Termiten pro Tag verzehren!

Numbats nutzen hohle Stämme von Wandoo-Bäumen als Unterschlupf und als Nahrungsquelle (sie fressen Termiten, die auf den Wandoo-Bäumen zu finden sind). Aufgrund der Zerstörung ihres Lebensraums und der Zunahme von Fressfeinden wie Katzen und Füchsen sind Numbats mittlerweile eine gefährdete Art.

Seeotter

Pazifische Küstengebiete

INTERESSANT:

Seeotter bewahren Essen oder Steine zum Knacken von Muschelschalen in einer Art Tasche unter dem Arm auf!

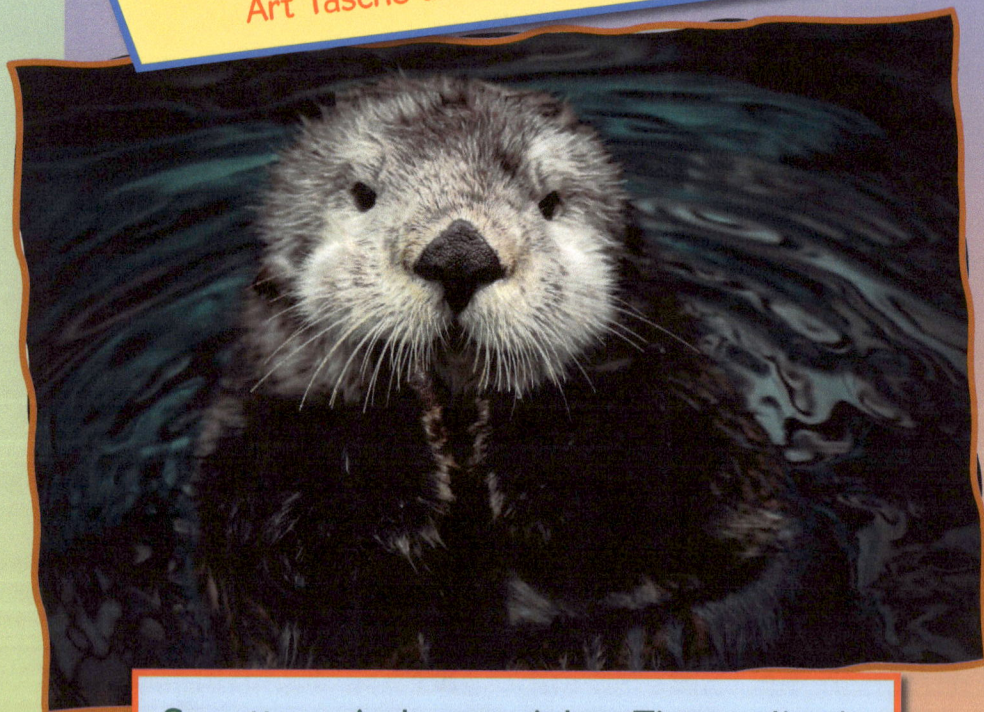

Seeotter sind verspielte Tiere, die in den pazifischen Küstenregionen leben. Sie sind tolle Schwimmer und lassen sich gerne auf dem Rücken treiben, während sie Krabben, Seesterne und andere Meerestiere verspeisen.

Riesenohr-Springmaus

Ostasien

INTERESSANT:
Über die große Oberfläche ihrer Ohren wird schnell Wärme abgegeben, also sorgen die großen Ohren bei heißem Wetter für Kühlung!

Diese kleinen Tierchen leben in abgelegenen Gebieten Chinas und der Mongolei, was es Wissenschaftlern erschwert, sie zu erforschen. Sie fressen Insekten und fangen diese mit einem schnellen Sprung in die Luft.

Kolibri

Nord-, Mittel- und Südamerika

INTERESSANT:
Kolibris schaffen 50-200 Flügelschläge pro Sekunde und fliegen bis zu 54 Stundenkilometer schnell!

Kolibris lieben Süßes! Diese hübschen, winzigen Vögelchen trinken den Nektar bunter Blumen mit ihrer langen Zunge, die sie ausstrecken können und die wie ein Strohhalm geformt ist. Damit können sie den süßen Nektar bis zu 13 Mal pro Sekunde schlecken, während sie auf der Stelle fliegen.

Quokka

Australien

INTERESSANT:
In Australien ist es illegal, ein Quokka zu berühren – wenn du es doch tun würdest, könnte eine Geldstrafe von bis zu 1230 Euro drohen!

Quokkas sehen immer so glücklich aus! Durch die Form ihres Mauls wirkt es immer so, als ob sie lächeln würden. Quokkas sind Beuteltiere und verwandt mit Kängurus und Wallabys. Quokka-Babys verbringen die ersten 30 Wochen ihres Lebens im Beutel ihrer Mutter.

Kleiner Panda

Südliches und östliches Asien

INTERESSANT:
Kleine Pandas können mit ihrer Zunge riechen!

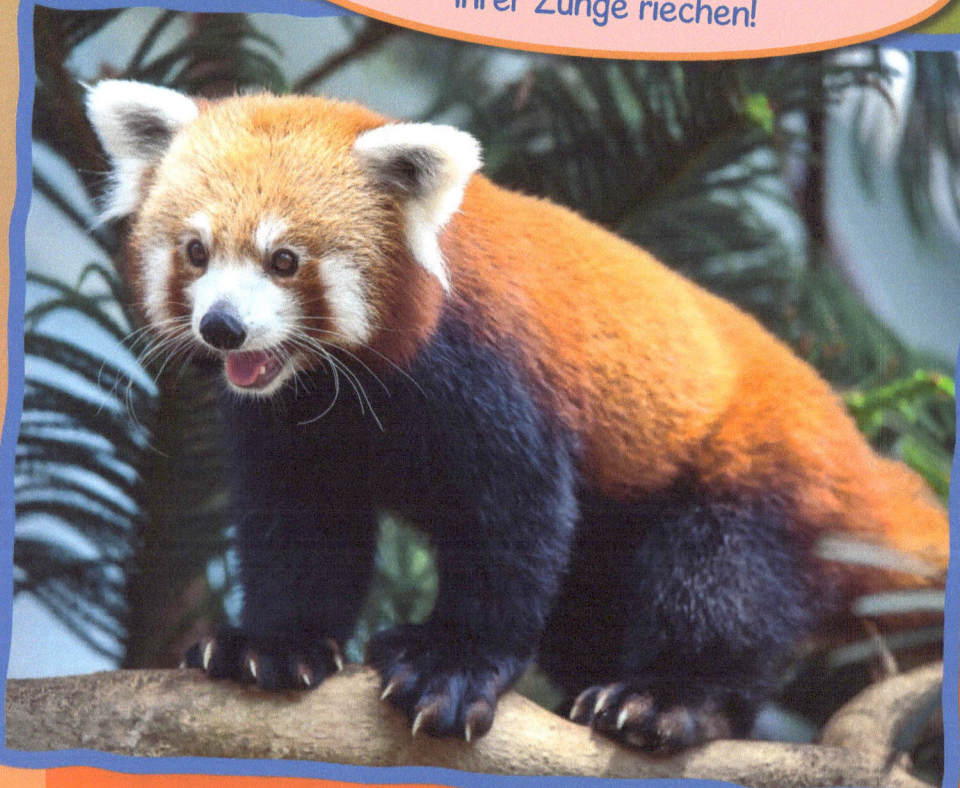

Der charmante Kleine Panda schläft tagsüber gerne hoch in den Bäumen. Auch wenn die Tiere hauptsächlich Bambus fressen, nehmen sie auch andere Nahrung wie Eicheln, Beeren, Gräser, Mäuse und Vogeleier zu sich.

Java-Flugfrosch

Indonesien

INTERESSANT:
Flugfrösche sondern eine klebrige Substanz durch die Zehen ab, was beim Festhalten an Oberflächen hilft!

Java-Flugfrösche legen ihre Eier auf Blättern ab, die über Teichen, Seen oder Flüssen hängen. Wenn sie schlüpfen, fallen die Kaulquappen hinunter in das Wasser.

Zwergpinguin

Neuseeland, Chatham-Inseln und Australien

INTERESSANT:
Zwergpinguine können unter Wasser viel besser sehen als an Land!

Diese scheuen Vögel sind nur etwa 35 bis 40 Zentimeter groß und damit die kleinsten Pinguine der Welt. Sie sind schnelle Schwimmer und im Wasser sehr beweglich.

Großer Pampashase

Südamerika

INTERESSANT:
Wenn sie erschreckt werden, können Pampashasen bis zu zwei Meter hoch in die Luft springen!

Große Pampashasen sind grasende Tiere, die laufen, galoppieren oder wie ein Hase hüpfen können. Sie haben außerdem eine weitere Fortbewegungsart: das Hopsen auf vier Beinen!

Rüsselspringer

Afrika

INTERESSANT:
Rüsselspringer gehören zu den schnellsten kleinen Säugetieren und können Geschwindigkeiten von bis zu 29 Stundenkilometern erreichen!

Dieses niedliche Tierchen hat eine ganz schön beeindruckende Nase. Rüsselspringer suchen mit ihrer langen Nase nach Insekten und werfen sich diese dann mit der Zunge in den Mund, ganz ähnlich wie ein Ameisenbär.

Sandkatze

Nordafrika, südwestliches Asien und arabische Halbinsel

INTERESSANT:
Die Sandkatze vergräbt die Reste ihrer Mahlzeit im Sand und bewahrt sie für später auf!

Die putzige Sandkatze ist sehr scheu. Ihr sandfarbenes Fell ist in der Wüste schwer zu erkennen und ihre Pfoten hinterlassen keine Spuren im Sand.

Papageitaucher

Küstenregionen im Nordatlantik

INTERESSANT:
Papageitaucher graben Nesthöhlen für ihre Brut und die Küken können das Futter, das die Eltern ihnen bringen, sogar im Dunkeln finden!

Diese bunten Vögel haben wegen ihres bunten Schnabels und ihrer lustigen Art der Fortbewegung den Spitznamen "Clowns der Meere" bekommen.

Europäisches Gleithörnchen

Europa und Asien

INTERESSANT:
Das Gleithörnchen kann sein ganzes Leben in den Bäumen verbringen, ohne je auf den Boden kommen zu müssen!

Diese hübschen Hörnchen sind eigentlich hauptsächlich in Asien beheimatet und suchen sich gerne verlassene Nisthöhlen von Spechten, statt ihre eigenen zu bauen.

Gundi

Nordafrika

INTERESSANT:
Gundis haben einen sehr flexiblen Brustkorb, um sich in engen Nischen verstecken zu können!

Gundis, auch Kammfinger genannt, sind Nagetiere, die ein wenig wie Meerschweinchen aussehen und in felsigen Wüstenregionen in Nordafrika zu Hause sind. Sie haben sehr gute Ohren und warnen andere Tiere in ihrer Kolonie durch Pfeiflaute oder Aufstampfen auf den Boden.

Hirschferkel

Südostasien und Westafrika

INTERESSANT:
Diese zarten Tiere sind die
kleinsten Paarhufer der Welt!

Hirschferkel werden auch Zwergböckchen genannt und sind kaum größer als ein kleiner Hund. Statt eines Geweihs oder Hörnern haben Hirschferkel lange Eckzähne, die wie kleine Vampirzähne aussehen.

Marderhund

Europa und Asien

INTERESSANT:
Marderhunde sind die einzigen Vertreter der Hunde, die eine Winterruhe halten!

Marderhunde wurden ursprünglich aus Asien eingeführt und sind inzwischen auch in Europa verbreitet. Wenn sich ein Paar gefunden hat, bleiben die Tiere ein Leben lang zusammen.

Ohrenrobben

Weltmeere

INTERESSANT:
Ohrenrobben sind so biegsam, dass sie ihre Schwanzflossen mit der Nase berühren können!

Ohrenrobben oder Seelöwen sind sehr intelligent und für ihre Verspieltheit und ihr lautes Bellen bekannt. Mit ihren großen Flossen können sie sehr anmutig durchs Meer schwimmen, aber wenn sie sich an Land bewegen, sehen sie ein wenig unbeholfen aus. Sie fressen gerne alle möglichen Fische.

Zwergseidenäffchen

Südamerika

INTERESSANT:
Ein erwachsenes Zwergseidenäffchen wiegt normalerweise nur etwa 85 Gramm. Das ist kaum mehr als ein Kartenspiel!

Dieser winzige Primat ist der kleinste Affe der Welt. Mit ihren scharfen Zähnen können die Äffchen Löcher in Baumrinden beißen, um an ihr Lieblingsessen, Harz und Pflanzensaft, zu kommen.

Harris-Antilopenziesel

USA und Mexiko

INTERESSANT:
Die Harris-Antilopenziesel nutzen ihren Schwanz als Sonnenschirm gegen die heiße Wüstensonne!

Diese faszinierenden Hörnchen werden oft mit Streifenhörnchen verwechselt und leben in Wüstenregionen in den Vereinigten Staaten und in Mexiko. Sie ernähren sich unter anderem von Kaktussamen und Kaktusfrüchten, Mesquite-Früchten und sogar Insekten.

Bongo
Afrika

INTERESSANT:
Bongos sind schon dabei beobachtet worden, wie sie nach Gewittern verbranntes Holz gefressen haben!

Bongos sind eine schöne Antilopenart aus Zentral- und Westafrika. Anders als bei anderen Antilopen haben sowohl die Männchen als auch die Weibchen Hörner. Zur Abkühlung rollen sie sich gerne im Schlamm.

Serval

Afrika

INTERESSANT:
Hättest du im alten Ägypten gelebt, wäre dir vielleicht ein Serval als Geschenk überreicht worden!

Diese tollen Wildkatzen haben ein exzellentes Gehör und sind sehr gute Jäger. Servale sind mit Hauskatzen gekreuzt worden, woraus die Hauskatzenrasse der Savannah-Katze entstanden ist – eine große Katze mit hundeartigem Verhalten, die sich gut als Haustier eignet.

Kaiserschnurrbarttamarin

Südamerika

INTERESSANT:
Kaiserschnurrbarttamarine sind nach dem deutschen Kaiser Wilhelm II. benannt, der einen prächtigen Schnurrbart hatte!

Kaiserschnurrbarttamarine leben in den tropischen Regenwäldern Südamerikas. Sie teilen ihren Lebensraum mit den Braunrückentamarinen. Die beiden Affenarten helfen einander und warnen sich gegenseitig vor Gefahren.

36

Hermelin

Nordamerika, Europa und Asien

INTERESSANT:
Männliche Hermelinjunge sind mit 7 Wochen schon größer als ihre Mutter!

Hermeline sind kleine Wiesel, die in den nördlichen Gebieten der Erde leben. Sie können prima klettern und bewegen sich in einem lustigen Zickzackkurs. Außerdem können sie ein stinkendes Sekret absondern, um andere Hermeline zu vertreiben.

Rundschwanzseekuh

Nord- und Südamerika und Afrika

INTERESSANT:

Seekühe tauschen im Laufe ihres Lebens ihre alten, abgenutzten Zähne regelmäßig gegen neue aus!

Die sanfte Rundschwanzseekuh wird auch Manati genannt. Sie gehört zu den Säugetieren und muss Luft atmen, kann unter Wasser aber die Luft bis zu 15 Minuten lang anhalten. Die Seekuh frisst hauptsächlich Seegräser und Pflanzen vom Meeresboden.

Wombat
Australien

INTERESSANT:
Wombats sind die größten grabend lebenden Säugetiere der Welt!

Diese lustigen Tiere sind eng mit dem Koala verwandt und werden auch scherzhaft "Busch-Bulldozer" genannt. Sie können extrem gut graben und bauen riesige Tunnel und Höhlengänge, die bis zu 46 Meter lang sein können.

Capybara

Südamerika

INTERESSANT:
Capybaras sin die größten Nagetiere der Welt und können mehr als 68 Kilogramm wiegen!

Capybaras sind semiaquatische Tiere, was bedeutet, dass sie viel Zeit im Wasser verbringen. Sie werden auch Wasserschwein genannt. Sie sind sehr lernfähig und werden manchmal als Haustier gehalten. Manche Menschen bezeichnen sie auch als "Riesenmeerschweinchen".

Erdmännchen

Südliches Afrika

INTERESSANT:
Erdmännchen können giftige Schlangen töten und fressen, ohne Schaden durch das Gift zu nehmen!

Die charmanten Erdmännchen sind geschäftige Tiere. Ein einzelnes Erdmännchen kann über 400 Löcher pro Tag graben und die Tiere sind sehr gut an das Leben in der Wüste angepasst. Sie können ihre Ohren verschließen, damit kein Sand hineinkommt, und besitzen zum Schutz ihrer Augen ein drittes Augenlid.

Buschbock

Afrika

INTERESSANT:
Buschböcke können Wasserknappheit überleben, indem sie Tauwasser trinken!

Der Buschbock ist eine anmutige afrikanische Antilope. Wenn sich Buschböcke von Raubtieren bedroht fühlen, legen sie sich zum Verstecken flach auf den Boden oder laufen mit einem heiseren Bellen davon.

Koala

Australien

INTERESSANT:
Koalas bewahren Essen in ihren Wangen auf und fressen über 1 Kilogramm Blätter pro Tag!

Der berühmte Koala ist eines der süßesten Tiere Australiens. Der Name stammt aus der Sprache der Aborigines und bedeutet "kein Wasser". Koalas trinken kaum Wasser und decken ihren Flüssigkeitsbedarf zum Großteil über ihr Lieblingsessen, Eukalyptusblätter.

Baumkänguru

Australien und Papua-Neuguinea

INTERESSANT:
Bei heißem Wetter kühlen sich Baumkängurus mit der eigenen Zunge!

Baumkängurus sind faszinierende Tiere: Gummiartige Polster an den Pfoten helfen beim Klettern, und sie können aus 15 Metern Höhe auf den Boden springen, ohne sich zu verletzen. Sie sind außerdem die einzigen Kängurus, die rückwärts laufen können.

Schwarzfußiltis

Nordamerika

INTERESSANT:
Schwarzfußiltisse können bis zu 21 Stunden pro Tag schlafen!

Der Schwarzfußiltis ist der einzige Iltis, der ursprünglich aus Nordamerika stammt. Die schlanken Fellnasen sind eine bedrohte Art, aber zum Glück nimmt der Bestand langsam wieder zu.

Meerschweinchen

Südamerika

INTERESSANT:
Glückliche oder aufgeregte Meerschweinchen springen immer wieder hoch in die Luft – wie Popcorn!

Meerschweinchen gibt es überall auf der Welt, aber ursprünglich stammen sie aus Südamerika. Niemand weiß, woher der Name kommt, weil sie weder mit Schweinen verwandt sind noch im Meer leben. Die süßen Tierchen eignen sich toll als Haustiere.

Vielfarbentodi

Kuba

INTERESSANT:
Die Vögel bauen ihre Nester als Höhlen in lehmigen Uferbereichen!

Der kleine Vielfarbentodi mit seinem leuchtenden Federkleid ist ein wirklich hübscher Vogel. Diese Todi-Art gibt es nur auf Kuba und den umgebenden Inseln, weshalb er auch Kubatodi heißt.

Coquerel-Sifaka

Madagaskar

INTERESSANT:

Ob man es glaubt oder nicht: Wissenschaftliche Experimente haben gezeigt, dass Lemuren Mathe können!

Es gibt über 100 Arten von Lemuren auf Madagaskar, aber der Coquerel-Sifaka ist einzigartig. Dieser Lemur steht auf zwei Beinen und kann mit seinen kräftigen Hinterbeinen bis zu 9 Meter weit springen.

Pudu

Südamerika

INTERESSANT:
Pudus sind die kleinsten Hirsche der Welt!

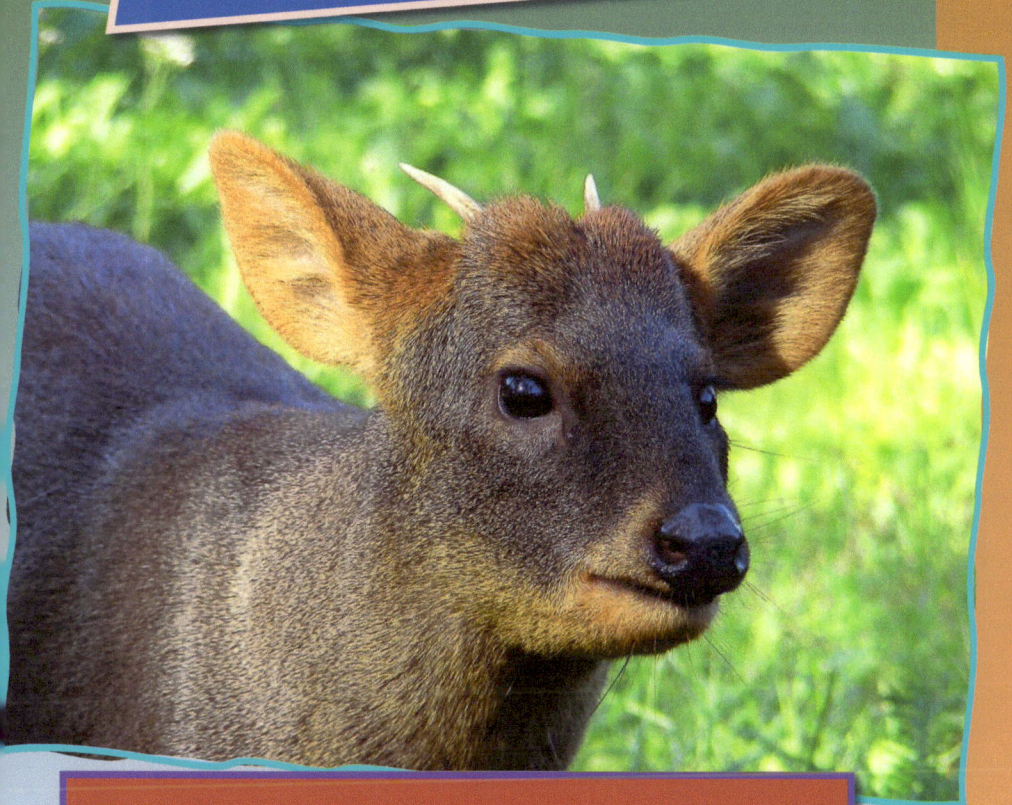

Pudus sind so klein, dass sie oft auf die Hinterbeine hochgehen, um begehrte Futterpflanzen zu erreichen. Manchmal versuchen die kleinen Hirsche sogar, an Bäumen oder Bambus hochzuklettern, um an leckere Früchte heranzukommen.

Sattelrobbe

Nordatlantik und Arktischer Ozean

INTERESSANT:
Sattelrobben können bis zu 400 Meter tief tauchen und bis zu 16 Minuten lang unter Wasser bleiben!

Diese niedliche Robbe ist ein toller Schwimmer und verbringt den Großteil ihres Lebens im offenen Meer. Die Robben haben ein dickes Fettpolster, welches sie im eisigen Wasser und auf dem Packeis warm hält.

Viscacha

Südamerika

INTERESSANT:
Selbst wenn sie glücklich sind, sehen Viscachas oft müde oder gelangweilt aus!

Viscachas sind Nagetiere und eher mit Chinchillas verwandt als mit Hasen. Sie fühlen sich in den südamerikanischen Hochgebirgen wohl und verbringen ihren Tag gerne mit Fellpflege oder ruhen sich auf den Felsen in der Sonne aus.

Sägekauz

Nordamerika

INTERESSANT:
Wenn diese Eule Gefahr spürt, hält sie einen Flügel und den Körper so, dass sie wie ein Ast aussieht!

Der Sägekauz ist die kleinste Eulenart in Nordamerika. Die Käuzchen sind bekannt für ihren "Tu-tu-tu"-Laut und rufen manchmal stundenlang, ohne eine Pause einzulegen. Mit ihrem exzellenten Gehör können sie in absoluter Dunkelheit jagen.

Langschwanzkatze

Mittel- und Südamerika

INTERESSANT:
Langschwanzkatzen können Bäume mit dem Kopf voran hinunterklettern!

Langschwanzkatzen lieben Bäume und leben in Regenwäldern. Sie können prima klettern und bauen sich sogar Schlafnester in den Baumwipfeln.

Giraffengazelle

Afrika

INTERESSANT:
Giraffengazellen können sogar kurze Distanzen aufgerichtet auf ihren Hinterbeinen laufen!

Diese tollen Gazellen sehen fast aus, als ob sie von einem anderen Planeten kämen! Sie heißen auch "Gerenuk", was aus der Somali-Sprache kommt und in etwa "Giraffenhals" bedeutet. Um an Nahrung heranzukommen, stellen sie sich auf die Hinterbeine und strecken ihren langen Hals – so kommen sie an Blätter heran, die sich mehr als 2 Meter über dem Boden befinden.

Präriehund

Nordamerika

INTERESSANT:
Präriehunde küssen sich und kuscheln miteinander!

Diese Hörnchenart ist ganz besonders niedlich. Präriehunde leben in großen Gruppen zusammen und bauen riesige unterirdische "Städte". Darin bauen sie eigene Räume für das Schlafen, das Essen, als Kinderzimmer und sogar als Toilette.

Binturong

Südostasien

INTERESSANT:
Binturongs heißen auch "Marderbären",
obwohl sie mit Bären nicht verwandt sind!

Der Binturong verbringt den Großteil des Tages in den Bäumen, entweder schlafend oder auf der gemächlichen Suche nach Essen. Die Tiere essen fast alles, mögen aber Früchte wie Feigen und Bananen ganz besonders gerne.

Eichhörnchen

Europa und Asien

INTERESSANT:

Eichhörnchen können ihre angelegten Nahrungsvorräte unter mehr als 30 Zentimetern Schnee wiederfinden!

Mit ihren roten Ohrenpinseln und dem buschigen Schwanz sind Eichhörnchen unverwechselbar. Nur jedes vierte oder fünfte Eichhörnchen überlebt die ersten Wochen, danach können sie mehrere Jahre alt werden. Die Nester werden Kobel genannt und sind innen mit Moos und Gras gepolstert und von außen so gut wie wasserdicht.

Sitatunga

Afrika

INTERESSANT:
Diese Antilopen werden auch Sumpfbock genannt, weil sie gerne in Sümpfen leben. Die langen Hufe sind prima für das Laufen durch Schlamm geeignet!

Sitatungas sind eine schöne Antilopenart aus Zentralafrika. Sie sind an das Leben am Wasser angepasst und können gut schwimmen, vermeiden aber Gebiete, in denen es Krokodile geben könnte.

Eigentlicher Streifentenrek

Madagaskar

INTERESSANT:
Streifentenreks sind die einzigen Säugetiere, die durch das Reiben von Körperteilen – genannt "Stridulation" – Laute erzeugen, wie es Heuschrecken oder manche Schlangen tun!

Diese bestechenden Tierchen sehen aus wie eine Kreuzung aus Spitzmaus, Igel und Stachelschwein. Die Stacheln auf ihrem Rücken schützen sie vor Räubern. Wenn der Streifentenrek aber bedroht wird, versetzt er seinem Gegner einen Kopfstoß.

Chinchilla

Südamerika

INTERESSANT:
Das Fell eines Chinchillas ist so dicht, dass Flöhe darin ersticken!

Chinchillas sind kleine, südamerikanische Nagetiere mit sehr weichem Fell. Ihr Fell ist das dickste unter allen Tierarten auf der Welt. Auch wenn sie oft als Haustiere verkauft werden, nehmen ihre Bestände in freier Wildbahn leider ab.

Schnee-Eule

Nordamerika, Europa, Asien

INTERESSANT:

Das Gehör der Schnee-Eule ist so gut, dass sie Beutetiere unter dem Schnee krabbeln hören kann!

Diese prächtigen Eulen besitzen ein dichtes, weiches Federkleid, das sie bei winterlichen Temperaturen wärmt und mit dem sie lautlos fliegen und jagen können.

STARRY DREAMER
PUBLISHING

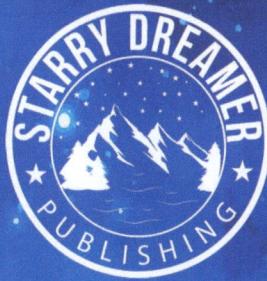

Lesen Sie auch diese anderen Bücher von JACK LEWIS:

Reihe: Heute fand ich…

Zauberhafte Geschichten für Kinder über

Freundschaft und die Kraft der Fantasie!

Heute fand ich ein Einhorn

Heute fand ich eine Meerjungfrau

Heute fand ich einen Weihnachtself

Wunderbaren Tierwelt

Entdecke die komplette Reihe der

Wunderbaren Tierwelt!

Die süßesten Tiere der Welt

Die seltsamsten Tiere der Welt

Die gefährlichsten Tiere der Welt

INDEX

www.ingramcontent.com/pod-product-compliance
Lightning Source LLC
Chambersburg PA
CBHW040937030426
42335CB00001B/23

9 7 8 1 9 6 1 4 9 2 4 8 6